Pius Schmidt

DAS GESPRÄCH ALS MEDIUM DER SEELSORGE

Pius Schmidt

DAS GESPRÄCH ALS MEDIUM DER SEELSORGE

Spirituelle Aspekte. Psychologische Hilfen

Fromm Verlag

Imprint

Any brand names and product names mentioned in this book are subject to trademark, brand or patent protection and are trademarks or registered trademarks of their respective holders. The use of brand names, product names, common names, trade names, product descriptions etc. even without a particular marking in this work is in no way to be construed to mean that such names may be regarded as unrestricted in respect of trademark and brand protection legislation and could thus be used by anyone.

Cover image: Vom Autor bereitgestellt

Publisher:
Fromm Verlag
is a trademark of
International Book Market Service Ltd., member of OmniScriptum Publishing Group
17 Meldrum Street, Beau Bassin 71504, Mauritius
Printed at: see last page
ISBN: 978-613-8-36559-4

Copyright © Pius Schmidt
Copyright © 2020 International Book Market Service Ltd., member of OmniScriptum Publishing Group

Vorwort

Gespräche haben eine besondere Bedeutung für unser Leben. Sie sind das unmittelbare Werkzeug eines seelsorglichen oder sozialen Berufes. Die alltägliche Erfahrung zeigt, dass manche unserer helfenden Gespräche gut gelingen. Man hat anschließend das Gefühl, dass es dem anderen geholfen hat. Bei anderen ist das nicht der Fall. Worin bestehen die wesentlichen Eigenschaften eines gelungenen Gesprächs, welche beeinträchtigen es? Diesen Fragen wird in diesem Buch nachgegangen. Es werden hierzu auch die Erkenntnisse der modernen Gesprächspsychotherapie in ihrer Bedeutsamkeit für das helfende Gespräch beleuchtet. Sie bilden den Hauptteil dieses Buches. Es wird auch gezeigt, dass es hierbei nicht auf die *psychologischen Methoden* ankommt, sondern auf die *innere Haltung* des Helfers. Diese buchstäblich *heilende Haltung* und der dazugehörige theoretische Hintergrund soll hier ausführlich beschrieben werden.

In neuerer Zeit hat Papst Franziskus in seinem pastoralen Lehrschreiben „Evangelii Gaudium" ausdrücklich betont, dass das *Gespräch* ein wichtiges Medium der Seelsorge ist. Woran erkennt man die Qualität eines guten Gesprächs? Dies wird im ersten Teil des Buches dargestellt. Im II. Teil des Buches werden die grundlegenden Erkenntnisse der Gesprächspsychotherapie beleuchtet. Es wird versucht, diese Erkenntnisse auf relativ wenigen Seiten und in einer einfachen Sprache darzustellen, um sie auch dem nicht wissenschaftlich ausgebildeten Leser verständlich zu machen, ohne aber der Gefahr zu verfallen, diese Erkenntnisse in ihrer Tiefe zu verwässern.

Die Zahl der Menschen, die mit einem Seelsorger das Gespräch suchen, wird oft unterschätzt. Viele Menschen suchen gerade einen Seelsorger, dem sie ihre Not sagen können. Sie wollen einer Person begegnen, die ehrlich und wahrhaftig mit ihnen umgeht. Sie setzen voraus, dass dieser weiß, wie wichtig es ist, dass jeder Mensch als individuelle Person wahrgenommen werden will. Sie suchen ein Ohr, das ihre innere Not hört und auch schweres Leid mitempfinden kann. Gerade diese vom Schicksal gebeutelten Menschen haben Sehnsucht nach jemanden, der ihnen wieder ein bisschen Wert und Würde erfahren lässt. Oder vielleicht gehen sie auch zum Seelsorger, weil sie ahnen, dass sie in ihm dem weiteren Horizont des Glaubens begegnen. In vielen Fällen brauchen diese Menschen wohl einen Arzt; aber sie brauchen auch einen Seelsorger. Der Seelsorger hat etwas zu geben, was der Psychologe nicht geben kann.

Leider fehlt dem Seelsorger oft die Zeit für ein intensiveres Gespräch. Das wissen inzwischen viele ratsuchende Menschen. Deshalb kommen sie nicht mehr; sie bleiben weg: „Wir wollen unseren Pfarrer mit Rücksicht auf seine Arbeitsüberlastung nicht noch zusätzlich mit unseren Problemen belästigen“, sagen sie. Andererseits haben Seelsorger oft das Gefühl, nicht kompetent genug zu sein. Sie meinen, es fehle ihnen an der nötigen psychologischen Ausbildung. So schicken sie diese Personen, die ein Gespräch mit ihnen suchen, oft weiter. Dies ist verständlich, denn die Last der Arbeit ist groß. Oft fehlt die innere Ruhe, um sich konzentriert auf ein Gespräch einzulassen. Auch die Komplexität der Probleme schreckt mache Seelsorger ab: „Dafür bin ich nicht zuständig und nicht kompetent“, sagen sie. Dennoch sollten die Seelsorger das Feld der Gespräche nicht ganz den anderen überlassen und sich aus diesem Bereich zurückziehen, auch wenn sie selber dafür eine nur sehr begrenzte Zeit zur Verfügung haben. Auch eine nur kurze Gesprächsbegegnung kann bedeutsam sein.

Das persönliche Gespräch ist ein zentraler Dienst des Priesters als *Hirte der Gemeinde*. Leider hat sich in den letzten Jahren das Hirtenamt des Priesters zu sehr auf die äußere Leitung der Gemeinde beschränkt. Das Hirtenamt im sogenannten „Forum internum“ kam vielfach zu kurz. Aber auch das persönliche Gespräch mit dem Einzelnen ist ein wichtiger Dienst des Priesters, um das ihm anvertrauten Volk Gottes als Hirte zu leiten. Hier gleicht er dem Guten Hirten im Evangelium, der die neunundneunzig Schafe zurücklässt, um dem einen verloreneren nachzugehen. Groß ist die Freude im Himmel über einen Einzigen, der verloren war und wiedergefunden worden ist.

In den folgenden Ausführungen soll gezeigt werden, worin der Kern eines seelsorglichen Gesprächs besteht.

Ein Hinweis: Um den Lesefluss nicht zu stören, wähle ich, wo Seelsorger und Seelsorgerin, Therapeut oder Therapeutin, o. ä. gemeint ist, jeweils nur die männliche Sprachform, um den Lesefluss zu erleichtern. Es soll aber stets die weibliche Form mit verstanden werden.

Inhaltsverzeichnis

Vorwort - 1

1. DIE BEDEUTUNG DES GESPRÄCHS IN „EVANGELII GAUDIUM“ - 9

1.1 Von Mensch zu Mensch

1.2 Die Fähigkeit zu Nähe und Distanz

1.3 Repräsentant einer tieferen Wirklichkeit

2. THEORIE UND PRAXIS DER GESPRÄCHSPSYCHOTHERAPIE - 15

2.1 Erkenntnisse der Gesprächspsychologie in ihrer Bedeutung für das Seelsorgegespräch

2.1.1 Die zwischenmenschliche Beziehung

2.1.2 Die therapeutische Grundhaltung

2.2 Beschreibung der therapeutischen Grundhaltung

2.2.1 Nicht-wertendes Verstehen, positives Einfühlungsvermögen

2.2.2 Achtung – Anteilnahme – Wärme – Wertschätzung

2.2.3 Echtheit – „Selbstkongruenz“

3. PSYCHOLOGISCHE PROZESSE, WELCHE DIE POSITIVE VERÄNDERUNG BEWIRKEN - 29

3.1 Selbstkonfrontationen, Selbstexploration

3.2 Die Bedeutung des inneren Erlebens

3.3 „Selbstaktualisierung“ fördern

AUSBLICK - 37

DAS GESPRÄCH ALS MEDIUM DER SEELSORGE

Vor 38 Jahren habe ich einen Artikel über die Bedeutung der Gesprächstherapie für die Seelsorge verfasst.[1] Seitdem sind viele Jahre vergangen. Jetzt, auf dem Hintergrund jahrzehntelanger pastoraler Erfahrung an verschiedenen Einsatzorten, beschäftigt mich diese Frage wieder: Welchen Wert haben diese psychologischen Erkenntnisse für die Seelsorge? Haben sie gebracht, was sie versprochen haben? In den Jahren zwischen ca. 1970 und 1990 gab es geradezu eine Euphorie für die Verwen-dung psychologischer Methoden in der Seelsorge. Gleichzeitig gab es bei vielen eine starke Skepsis gegen-über der Einbeziehung der psychologischen Methoden in die theologische Ausbildung und pastorale Praxis. Die Skepsis war teilweise berechtigt. Viele befürchteten eine „Verpsychologisierung" der Seelsorge und damit eine Verengung ihrer eigentlichen Aufgabe. Man beklagte eine Flucht in die Psychologie aus mangelnder Glaubenssubstanz.[2] Fragen wir noch einmal: Führt die Verwendung der psychologischen Erkenntnisse zu einer Verengung des eigentlichen Anliegens des Seelsorgege-sprächs oder zu einer Vertiefung?

[1] Dies geschah im Rahmen einer Pastoralkonferenz der Diözese Eichstätt, die der damalige Professor für Pastoraltheologie an der Universität Regensburg, Dr. Konrad Baumgartner, leitete. Das Thema der Pastoralkonferenz war: „Das helfende Gespräch in der Gemeinde". Ich übernahm den psychologischen Teil. Die Vorträge wurden in der Reihe „Pastorale Handreichungen" im Echter-Verlag veröffentlicht (1982).

[2] Vgl. BAUMGARTNER, Konrad (Hg.): Das Seelsorgegespräch in der Gemeinde (Pastorale Handreichungen), Würzburg 1982, 40.

1. DIE BEDEUTUNG DES GESPRÄCHS IN„EVANGELII GAUDIUM“

1.1 Von Mensch zu Mensch

In seinem grundlegenden pastoralen Lehrschreiben „Evangelii Gaudium“ vom 24. November 2013 verweist Papst Franziskus ausdrücklich auf das Gespräch als Weg der Seelsorge.[3] Auch das Gespräch ist ein Weg, um den Menschen die Liebe Jesu zu bringen. Er meint hier nicht nur das belehrende Gespräch, sondern „das Gespräch von Mensch zu Mensch“[4]. Man sollte nicht meinen, die Verkündigung des Evangeliums müsse immer mit bestimmten festen Formeln oder mit genauen Worten vermittelt werden. Sie wird auch auf dem Weg einer guten, vom Geist der Liebe getragenen menschlichen Begegnung vermittelt. Eine solche Begegnung bereitet dem Evangelium den Boden. Ein gutes Gespräch hat missionarische Ausstrahlung. Es ist heute in breiten Schichten nicht mehr möglich, direkt von Gott oder vom Evangelium zu reden. Dazu ist das innere Verständnis bei vielen Menschen nicht mehr vorhanden. Aber wenn einer lauter und absichtslos die Liebe tut, ohne Schau und Selbstdarstellung, dann lässt er Gott gegenwärtig werden. Dazu ist nicht nur der von der Kirche geweihte oder beauftragte Diener berufen. Jeder ist berufen und befähigt, ein Zeuge des Evangeliums zu sein und auf dem Weg einer guten menschlichen Begegnung die Liebe Christi zu vermitteln, auch wenn darin nicht ausdrücklich von Gott die Rede ist. Erst nach einer solchen authentischen und respektvollen Begegnung ist es möglich, über die menschliche Begegnung hinaus die eigenen Glaubensüberzeugungen einfließen zu lassen. Manchmal ergibt es sich wie von selbst, dass man in einem solchen Gespräch nochmals die Freuden und Sorgen des anderen aufgreift und sie am Ende in ein Gebet einmünden lässt.[5]

[3] Für die deutsche Übersetzung vgl. Verlautbarungen des Apostolischen Stuhls 194.

[4] Evangelii Gaudium 127–129.

[5] Vgl. ebd., 128.

1.2 *Die Fähigkeit zu Nähe und Distanz*

In unserer Umgebung leiden viele Menschen einerseits an der heute weit verbreiteten *Anonymität*, gleichzeitig aber an einer distanzlosen, die menschliche Würde verletzenden Missachtung der Privatsphäre. Da braucht es als erstes Menschen, die anderen zuhören können. Dies ist mehr als nur „hören". Das Gespräch kommt dem Bedürfnis des Menschen entgegen, dass er sich aussprechen kann und „seine Freuden, seine Hoffnungen, die Sorgen um seine Lieben und viele Dinge, von denen sein Herz voll ist, mitteilt"[6]. Das vermittelt dem anderen die *Erfahrung von menschlicher Nähe*. Die Kunst des Zuhörens hilft, die passenden Worte oder Gesten zu finden, um den anderen aus seiner Einsamkeit und Anonymität herauszuholen.[7]

Ein weiteres Element eines guten Gesprächs ist es aber auch, dem anderen gleichzeitig die *nötige Distanz zu gewähren*. Unsere Zeit leidet geradezu an dieser die menschliche Würde verletzenden Distanzlosigkeit, wenn zum Beispiel in Talkshows oder in der Presse „wie besessen" die intimsten Details aus dem Leben eines Menschen zur Schau gestellt werden. Das ist schamlos und krank, schreibt Papst Franziskus. Wenn es um die Intimität eines Menschen geht, dann heißt es aufzupassen und das Innerste eines Menschen vor dem Blick der Öffentlichkeit zu verbergen. Wer sich im Gespräch dem Innersten eines Menschen nähert, muss sich bewusst sein, dass er heiligen Boden betritt, vor dem er sich die Sandalen von den Füßen streifen muss (vgl. Ex 3,5).

[6] Ebd.

[7] Vgl. ebd., 169-173.

1.3 Repräsentant einer tieferen Wirklichkeit

Weiterhin betont Papst Franziskus in „Evangelii Gaudium“, dass speziell das Seelsorgsgespräch noch deine eine tiefere Dimension hat. Der Mensch, der sich in seiner Not an den Seelsorger wendet, sieht in ihm mehr als nur einen menschlichen Berater. Er ist für ihn auch Repräsentant einer höheren Wirklichkeit. In einem solchen Gespräch schwingt noch ein tieferer Trost mit. Dieser muss nicht immer verbal ausgedrückt werden. Hier gelten andere Maßstäbe als jene, die in dieser Welt an ihn angelegt werden. Im Licht des Evangeliums ist jeder Mensch ein geliebtes Kind Gottes, dem Würde und Respekt gebühren. „In dieser Welt können die geweihten Diener und die übrigen in der Seelsorge Tätigen und Laien den Wohlgeruch der Nähe und Gegenwart Jesu und seines persönlichen Blickes wahrnehmbar machen.“[8] Ein solches Gespräch kann ein Ort für eine Glaubensbegegnung werden. Die *menschliche* Begegnung wird zu einer Erfahrung der Zuwendung Jesu und seines liebenden Antlitzes.

Papst Franziskus fasst in „Evangelii Gaudium“ die Mitte des Evangeliums in einer Kurzformel zusammen, dem sogenannten christlichen Kerygma: *„Jesus Christus, der jeden Menschen unendlich liebt und der sein Leben für uns hingegeben hat, um uns zu retten, hat uns durch seinen Tod und durch seine Auferstehung die unendliche Barmherzigkeit des Vaters geoffenbart und mitgeteilt. Als Auferstandener ist er jeden Tag lebendig an unserer Seite.“*[9]

Es ist die Kunst des seelsorglichen Gesprächs, den anderen diese Dimension des Evangeliums erfahren zu lassen. Es ist die Botschaft von der Liebe Gottes, die Mensch geworden ist und die uns sein Heil und seine

8 Ebd., 169.

9 Ebd1,60-165.

Freundschaft anbietet.[10] Gott ist auch heute auf der Suche nach dem verlorenen Menschen. In den Augen Gottes gibt es keinen aussichtslosen Fall, auch wenn der Betreffende schon mehrere Psychiatrien durchlaufen hat und als aussichtsloser Fall abgestempelt ist. Ein Gespräch kann zum Ausdruck dieser Suche Gottes nach dem Menschen werden.

Eine besondere Weise des seelsorglichen Gesprächs ist die *geistliche Begleitung*. Papst Franziskus empfiehlt: „Die Kirche wird ihre Glieder – Priester, Ordensleute, Laien – in diese ‚Kunst der Begleitung' einführen müssen."[11] Geistliche Begleitung ist getragen von der Kunst des geduldigen Zuhörens. Nur auf der Grundlage des achtungsvollen, mitfühlenden Zuhörens ist es möglich, über die psychologische Ebene hinaus „die Wege für ein echtes Wachstum zu finden, das Verlangen nach dem christlichen Ideal und die Sehnsucht zu wecken, voll auf die Liebe Gottes zu antworten und das Beste zu entfalten, das Gott im eigenen Leben ausgesät hat"[12]. In der geistlichen Begleitung geht es vor allem um die Begleitung und Förderung von persönlichen Wachstumsprozessen. Christliches, gläubiges Leben ist ein lebenslanger Wachstums- und Reifungsprozess.

Geistliche Begleitung weiß aber auch um die *Einmaligkeit und Unverwechselbarkeit* eines jeden Menschen. Der Begleiter weiß, dass jeder seinen individuellen Weg hat. „Der Begleiter versteht es, die Situation jedes Einzelnen vor Gott anzuerkennen."[13] Er weiß um das Geheimnis eines Planes, den Gott für jeden einzelnen Menschen hegt und der sich inmitten der unterschiedlichsten Lebensumstände und Begrenzungen verwirklicht. Papst Franziskus sagt das noch deutlicher in „Gaudete et exsultate".[14] Es kommt darauf an, „dass jeder Gläubige seinen eigenen Weg erkennt und sein Bestes zum Vorschein bringt, das, was Gott so persönlich in ihn hineingelegt hat, und nicht, dass er versucht, etwas nachzuahmen, das gar nicht für ihn gedacht ist"[15]. Das soll jeden und jede dazu anregen und ermutigen, alles zu geben, um auf den

[10] Vgl. ebd., 128.

[11] Ebd., 169.

[12] Ebd., 171.

[13] Ebd., 172.

[14] Apostolisches Schreiben vom 12. April 2018; Vgl. 170, 11 und 13.

[15] Ebd., 11.

einzigartigen und unwiederholbaren Entwurf hin zu wachsen, den Gott von Ewigkeit her für ihn oder sie wollte: „Noch ehe ich dich im Mutterleib formte, habe ich dich ausersehen, noch ehe du aus dem Mutterschoß hervorkamst, habe ich dich geheiligt“ (Jer 1,5).

Papst Franziskus betont, dass es bei echter geistlicher Begleitung *nicht bloß um Selbstverwirklichung* gehe oder um die Pflege einer frommen Innerlichkeit. Es geht auch darum, die *Anrufe* zu hören, die an unser Leben ergehen. Er geht von einem personalen Gottesbild aus. Nur im Horizont eines personalen Gottesbildes existieren Anrufe an eine individuelle menschliche Person. „Die wahre geistliche Begleitung entfaltetet sich im Bereich des Dienstes am Evangelisierungsauftrag. Hier liegt ein klarer Unterschied zu jeder Form von intimistischer auf Selbstverwirklichung bedachter Begleitung.“[16]

Jeder Mensch sehnt sich danach, dass er gehört wird. Die Kirche weiß sich auch heute gerufen, die „Schreie“ der Menschen zu hören, so wie einst Gott, der Herr, die Schreie seines Volkes und die Klage über seine ägyptischen Antreiber gehört hat (vgl. Ex 3,7–9). - Nun geht es um die Frage, inwieweit die Erkenntnisse der heutigen Psychologie, insbesondere der Gesprächspsychotherapie, dem Seelsorger helfen, die „Kunst des Gesprächs“ zu lernen? Führt die Verwendung psychologischer Methoden zu einer Verengung oder zu einer Vertiefung des eigentlichen Anliegens des Seelsorgegesprächs? In der Darstellung der wesentlichen Grundlinien der Gesprächstherapie und ihrer psychologischen Hintergründe ist die Antwort auf diese Frage enthalten.

[16] Evangelii Gaudium 173.

2. THEORIE UND PRAXIS DER GESPRÄCHSPSYCHOTHERAPIE

2.1 Erkenntnisse der Gesprächspsychologie in ihrer Bedeutung für das Seelsorgegespräch

Auf vielfache Weise versuchen wir im Alltag, uns gegenseitig durch Gespräche zu helfen. Manche Gespräche gelingen gut, manche misslingen. Aber selten reflektieren wir darüber, welche Faktoren das Gespräch gefördert und welche es gestört haben. Worin bestehen die wesentlichen Faktoren eines therapeutischen Gesprächs? Welche Qualitäten des Therapeuten wirken sich förderlich auf das Gespräch aus und welche beeinträchtigen es? Inwiefern können die Erkenntnisse der Gesprächstherapie für das Seelsorgegespräch fruchtbar gemacht werden? Für den Seelsorger ist es zunächst wichtig zu wissen, was der Psychotherapeut unter Heilung versteht und wie der Heilungsprozess gefördert werden kann.

Es ist das überragende Verdienst des amerikanischen Psychologen Carl Rogers, die wesentlichen Qualitäten eines förderlichen Helfers sowie die psychologischen Vorgänge eines therapeutischen Gesprächs systematisch erforscht zu haben. Inzwischen hat der Ansatz der Gesprächspsychotherapie in vielen Bereichen, die mit zwischenmenschlichen Beziehungen zu tun haben, Eingang gefunden, zum Beispiel im Bereich der Erziehung, im schulischen Unterricht, in der gruppenbezogenen Führung und Verwaltung, in der Einzel- und Gruppentherapie, in der Seelsorge. Ein Seelsorger kann an diesen Erkenntnissen wohl nicht vorbeigehen, denn gerade die Seelsorge geschieht doch zum großen Teil im Medium des Gesprächs.

Reinhard Tausch, der die Gesprächspsychotherapie im deutschen Raum bekannt gemacht und durch eigene Forschungen erweitert hat, legt großen Wert darauf zu betonen, dass die Gesprächspsychotherapie keinesfalls nur eine Methode für Fachleute sei, sondern dass viele Menschen in der täglichen Umwelt Helfer in Gesprächen sein können. Er schreibt: „Wir halten es nicht für richtig, dass Mitmenschen im alltäglichen Leben sich hilfreiche Gespräche nicht zutrauen, weil sie meinen, dies könne nur ein Fachmann mit langjähriger Universitätsausbildung."[17] Er hat nachgewiesen, dass auch Personen ohne akademisches Studium der Psychologie fähig sind, psychotherapeutische Gespräche zu führen. Zum Teil sind sie sogar hilfreicher als solche mit beruflichen Psychotherapeuten.

[17] TAUSCH, Reinhard / TAUSCH, Anne-Marie: Gesprächspsychotherapie. Hilfreiche Gruppen- und Einzelgespräche in Psychotherapie und alltäglichem Leben, Göttingen [9]1990, 8.

2.1.1 Die zwischenmenschliche·Beziehung

Die zentrale Annahme der Gesprächspsychotherapie ist, dass der Klient in einer *zwischenmenschlichen Begegnung* gefördert wird. „Beziehung" ist das Schlüsselwort für die therapeutische Arbeit. Beziehungen aber entziehen sich letztlich aller Machbarkeit, allen Regeln und erlernbaren Techniken. Therapeutische Techniken sind wichtig, aber sie sind nur ein Vehikel, die die Beziehung „transportieren".[18] Auf einen Punkt gebracht: Psychotherapie ist für den Therapeuten „Beziehungskunst" und „Beziehungskultur".

Der Psychoanalytiker Otto Rank hat gezeigt, dass eine bestimmte Art von Beziehung an sich schon heilend ist.[19] Die von ihm begründete Beziehungstherapie befasst sich fast ausschließlich mit den Gefühlsbeziehungen, die dem Klienten im Augenblick gegenwärtig sind. Allein die Klärung der momentanen Gefühlsbeziehungen fördert die therapeutischen Prozesse ganz entscheidend.

Wodurch wird diese Beziehung geprägt? Die Beziehung wird nicht nur durch die *Inhalte* des Gesprächs bestimmt, sondern vor allem durch die *non-verbalen Informationen*, die dabei mitschwingen, zum Beispiel durch den Klang der Stimme, Gestik, Körperhaltung, Ausdruck der Augen usw. Wir sprechen in diesem Zusammenhang von einer *Inhaltsebene* und einer *Beziehungsebene*. Durch die non-verbalen Informationen, die bei unseren Worten mitschwingen, wird die Beziehung zum anderen definiert.[20] Jede Aussage ist zunächst noch vieldeutig; erst der Beziehungsaspekt legt sie auf eine Bedeutung fest. Das Wort „du Lump" kann zum Beispiel eine freundschaftliche Beziehung ausdrücken oder eine abweisende, je nach den Begleitinformationen, die bei diesem Wort mitübermittelt werden.

[18] Vgl. MAAZ, Hans-Joachim: Hilfe! Psychotherapie. Wie sie funktioniert und was sie leistet (Beck Paperback; 6130), München 2014, 20ff.

[19] Vgl. RANK, Otto: Will therapy and truth and reality, aus dem Deutschen übersetzt von Jessie Taft, New York [7]1972, 56 und 59.

[20] Vgl. WATZLAWICK, Paul / BAVELAS, Janet Beavin / JACKSON, Don D.: Menschliche Kommunikation. Formen, Störungen, Paradoxien, Bern [13]2017, 53f.

Die Beziehung wird besonders dann gestört, wenn sich die Inhaltsebene und die Beziehungsebene in ihrem Mitteilungsgehalt widersprechen. Dies ist zum Beispiel bei allen unechten Tröstungen der Fall oder wenn christliche Inhalte durch ein unchristliches Verhalten vermittelt werden. Solche Inhalte werden als „frommes Gerede“ empfunden und stören die Beziehung. Der Ansatz der Gesprächspsychotherapie ist ein Weg, eine vertrauensvolle Beziehung herzustellen und vorhandene Abwehrmechanismen abzubauen.

2.1.2 Die therapeutische Grundhaltung

Die Grundidee der Gesprächspsychotherapie erscheint zunächst sehr einfach. Sie besteht nicht aus bestimmten Techniken, Methoden und psychologischen Interventionen, die der Therapeut beherrschen muss, sondern entscheidend ist die *innere Haltung* des Therapeuten. Ein Therapeut, der versucht, eine Methode anzuwenden, ist zum Misserfolg verurteilt, solange diese Methode nicht mit seiner Grundeinstellung übereinstimmt. Der Klient merkt sehr bald, ob und wann der Therapeut eine Methode oder ein intellektuelles Werkzeug benützt, um einen bestimmten Zweck zu erreichen. Der Ton der Stimme und andere non-verbale Zeichen verraten den Therapeuten, der mit einer Methode etwas erreichen will.[21] Entscheidend ist also die innere Haltung. Alle Worte und Aktivitäten, die aus dieser inneren Haltung hervorfließen, die einfühlendes Verstehen (Empathie), Wertschätzung, Achtung, Sorge und Echtheit ausdrücken, werden vom Klienten als hilfreich erlebt und fördern den therapeutischen Prozess.

Es wird sehr betont, dass die innere Haltung des Therapeuten die *notwendige* und *hinreichende* (!) Bedingung für das therapeutische Gespräch ist. Erfährt eine Person eine andere Person, die ihr helfend zugewandt ist, als *nicht-wertend-einfühlend*, *respektvoll-warm-sorgend*, sowie *echt-innerlich-übereinstimmend*, dann sind im Allgemeinen die notwendigen und hinreichenden Bedingungen für ein therapeutisches Gespräch gegeben.[22] Was unter „Förderung der Persönlichkeitsentwicklung“ zu verstehen ist, wird weiter unten beschrieben. Je weniger diese

[21] Vgl. ROGERS, Carl R.: Die klientenzentrierte Gesprächspsychotherapie (Kindler-Taschenbücher; 2175), München ²1978, 34 und 39.

[22] Vgl. TAUSCH, Reinhard / TAUSCH, Anne-Marie: Personzentrierte Gesprächspsychotherapie, in: Handbuch der Psychologie VIII/2, Göttingen 1978, 1915.

drei Voraussetzungen beim Helfer erfüllt sind, desto weniger hilfreich wird sich das Gespräch auf den Klienten auswirken. Diese Annahme wurde durch eine größere Anzahl von empirischen Untersuchungen geprüft und bestätigt. Diese notwendige therapeutische Haltung sowie die daraus hervorfließenden Aktivitäten lassen sich im Rahmen einer Ausbildung aufzeigen; einige dieser Haltungen lassen sich bis zu einem gewissen Grad auch einüben.

2.2 Beschreibung der therapeutischen Grundhaltung

2.2.1 Nicht-wertendes Verstehen, positives Einfühlungsvermögen

Einfühlendes, nicht-wertendes Verstehen als therapeutische Grundhaltung bedeutet zunächst: Der Helfer sucht die innere Erlebniswelt seines Gesprächspartners zu erspüren. Er versucht sich vorzustellen, was der andere in seinem Inneren empfindet.

Es ist zunächst ein genaues Hinhören auf die Äußerungen des anderen, auf seine verbalen, aber auch auf die non-verbalen Äußerungen. Es ist ein sensibles, einfühlendes Hineinhören in die innere Welt des anderen, ein Bemühen, möglichst „unter die Haut des anderen zu schlüpfen", in „seinen Schuhen ein paar Schritte in seiner Welt zu gehen", „ein Bemühen, gleichsam die Klopfzeichen eines in seiner inneren Welt Eingeschlossenen" zu hören.[23]

Es kommt also darauf an, die tiefere Botschaft seiner Äußerungen herauszuhören, was sie für ihn bedeuten und was er dabei fühlt. Der Helfer leiht ihm förmlich sein Ich, und das, was der Therapeut anhand dieser Äußerungen verstanden hat und nachempfinden konnte, teilt er ihm verständlich und in einfacher Form mit, jedoch ohne das Verstandene negativ oder positiv zu bewerten.

A und O der Gesprächstherapie ist das *aktive Zuhören.* Das therapeutische und auch das seelsorgliche Gespräch steht und fällt mit dem Zuhören. Der Therapeut muss ganz Ohr sein können. Das erfordert ein hohes Maß an Konzentration. Nur so kann der Berater die tiefere Botschaft des anderen „hören", zum Beispiel auch die Angst, die in einer Pause mitschwingt. Die Voraussetzung für ein solches Zuhören ist, dass der Berater vor einem solchen Gespräch selber zur Ruhe kommt und alle Hetze ablegt. Nur so kann er sich ganz auf den Klienten einstellen, mit seinem Hören und Sehen, mit seinem Denken und Fühlen.

Die von Rogers gemeinte Art des Zuhörens darf *nicht* verwechselt werden mit einer *passiven Laissez-faire-Haltung.* Die Erfahrung der letzten Jahrzehnte non-direktiver Gesprächspsychotherapie zeigt, dass viele Berater aus

[23] Ebd., 1933.

dem Bemühen heraus, den Klienten selbstdirektiv sein zu lassen und ihm keine fremde Wertbestimmung aufzudrängen, in eine passive Beraterhaltung hineingerieten. Diese falsche Haltung habe, urteilt Rogers, zu beträchtlichen Fehlschlägen in der Beratung geführt; denn der Klient erlebte die Passivität und das fehlende Beteiligt-Sein des Beraters vielfach als Ablehnung. Die Laissez-faire-Haltung wurde als mangelndes Interesse am Klienten empfunden.[24]

Aktives Zuhören wird vielfach noch in einer anderen Richtung missverstanden: als *Diagnostizieren*. Auch diese Einstellung behindert das Gespräch. Der Therapeut solle aufhören, sich mit Diagnosen zu beschäftigen. Sie lenkt ihn ab von seiner personalen Präsenz dem anderen gegenüber. Er solle seinen diagnostischen Scharfsinn ruhen lassen und sich stattdessen auf das Ziel konzentrieren, den anderen zu verstehen und Schritt für Schritt mit ihm mitzugehen, auch in die für ihn bisher gefährlichen Regionen seines Inneren, die er bislang seinem Bewusstsein gegenüber geleugnet hat.[25]

Erfahrungsgemäß wird der Berater oder Helfer umso mehr Ratschläge erteilen und interpretieren und bewerten, je weniger er die Haltung des einfühlenden Verstehens verwirklicht. Je mehr einer einfühlsam-verstehend-empathisch mit dem Klienten mitgeht, desto weniger verfällt er diesen genannten Lastern der Gesprächsführung. Der Gesprächspsychotherapeut verhält sich also non-direktiv und personzentriert.

Ein ähnlicher Grundsatz gilt seit Jahrhunderten auch in der geistlichen Begleitung. Der heilige Ignatius von Loyola gibt in seinem Exerzitienbuch die Anweisung, dass es innerhalb der geistlichen Übungen beim Suchen des göttlichen Willens weit angemessener und besser sei, dass Gott sich dem Betreffenden selbst mitteilt, als dass der geistliche Begleiter ihm sagt, was für ihn richtig ist. Der geistliche Begleiter gleicht einer Waage, die zu keiner Seite hinneigen soll, d. h. die den Übenden nicht nach der einen oder anderen Seite beeinflussen darf.[26]

[24] Vgl. ROGERS, Gesprächspsychotherapie (wie Anm. 21), 40.

[25] Vgl. ebd., 43.

[26] Vgl. HAAS, Adolf (Hg.): Ignatius von Loyola. Geistliche Übungen (Kleine Bibliothek spiritueller Weisheit), Freiburg 1999, 19.

Kann diese therapeutische Grundhaltung gelernt werden? Während die beiden anderen Haltungen, die weiter unten beschrieben werden, in einer Ausbildung im eigentlichen Sinn nicht trainierbar sind, kann einfühlendes Verstehen bis zu einem gewissen Grad durch Übung gelernt werden. Allerdings hat kein Punkt der Gesprächspsychotherapie zu mehr Missverständnissen geführt als dieser.

Reinhard Tausch, der schon genannte Initiator der Gesprächspsychotherapie in Deutschland, hatte diese Grundhaltung ursprünglich „Verbalisierung emotionaler Erlebnisinhalte" genannt. Er hat sich in der siebten Auflage seines Buches „Gesprächspsychotherapie" von dieser Formulierung distanziert, weil diese Bezeichnung vielfach missverstanden wurde und man das Geschehen zu sehr von außen gesehen hat. Dies hat zu vielen Fehldeutungen geführt, besonders als man versucht hat, die Gesprächspsychotherapie als Technik für Gesprächsführung praktisch anzuwenden. Einfühlendes Verstehen wurde dabei entstellt zu einem echoartigen Nachsprechen der Äußerungen des Gesprächspartners, und dies sollte schon eine „Verbalisierung emotionaler Erlebnisinhalte" sein. Deshalb wurde diese Formulierung fallengelassen.

Für Rogers selbst wurde „widerspiegeln" inzwischen zu einem Wort, das ihn dazu brachte, „den Kopf einzuziehen", wenn er es hörte; so oft wurde es missverstanden. Die ganze Methode wurde nach einigen Jahren zu sehr als eine Technik angesehen. Non-direktive Therapie, wurde behauptet, sei eine Technik des Widerspiegelns von Gefühlen des anderen. Eine noch üblere Karikatur war: In der non-direktiven Therapie wiederholt man die letzten Worte, die der Klient gesprochen hat.

Enttäuscht über die verzerrte Darstellung seiner Methode schrieb Rogers ein paar Jahre fast nichts mehr über „einfühlendes Verstehen". Im Laufe der Jahre jedoch häuften sich die Untersuchungsergebnisse und sie führten zu dem Schluss, dass ein hoher Grad an Einfühlung in einer Beziehung möglicherweise der einflussreichste Faktor, ganz sicher einer der wichtigsten Faktoren ist, der zur Verbesserung der Beziehung und zum inneren Fortschritt der Persönlichkeit führt.[27] Einfühlung bleibt also eine wichtige innere Haltung des Therapeuten. Aber das Entscheidende muss immer die echte innere Haltung des Beraters sein: die Haltung eines einfühlenden, nicht-wertenden Verstehens. Wie er dies den Klienten spüren lässt, unterliegt der Freiheit des Therapeuten. Oft kann zum Beispiel ein betroffenes Schweigen mehr einfühlendes Verstehen ausdrücken als eine Verbalisierung des Erlebnisinhaltes. Entscheidend ist, dass der andere sich verstanden fühlt.

[27] Vgl. ROGERS, Carl R.: Eine neue Definition von Einfühlung, in: JANKOWSKI, Peter u. a. (Hgg.), Klientenzentrierte Psychotherapie heute. Berichte über den 1. Europäischen Kongreß für Gesprächspsychotherapie in Würzburg 28.9. - 4.10.1974, Göttingen 1976, 34.

2.2.2 Achtung – Anteilnahme – Wärme – Wertschätzung

Jeder Mensch sehnt sich nach Anerkennung und Wertschätzung. Zahlreiche Untersuchungen haben bestätigt, dass Menschen, die den anderen so etwas wie Wertschätzung vermitteln können, mächtige Helfer sind. Sie tragen ein wertvolles „Kapital" in sich. *Echte Wertschätzung* ist im Alltag selten. Menschen werden bewertet, beurteilt, manchmal verurteilt. Statt Wertschätzung erfahren sie Abwertung, unterschwellige Herabsetzungen. Wir selber verhalten uns oft ähnlich. Wertschätzung meint nicht eine nur oberflächliche äußere Freundlichkeit, sondern beinhaltet Respekt gegenüber der Würde der anderen Person. Deshalb ist die entscheidende Frage, die sich jeder Therapeut stellen sollte, ob er dem Klienten Achtung und Respekt entgegenbringen kann.

Unbedingte Wertschätzung: Die Wertschätzung des Therapeuten soll *unbedingt* sein, d. h. der Klient muss das Gefühl haben, dass er sich die Achtung des Therapeuten nicht erst durch ein ihm gefälliges Verhalten verdienen muss. Dies wäre eine nur *bedingte* Wertschätzung. Eine nur bedingte Wertschätzung könnte zu einer unbewussten Manipulation des Klienten führen! Der Klient soll vielmehr spüren, dass er angenommen und respektiert wird, auch wenn er sich als schlechter Mensch fühlt, weniger leisten kann als andere, oder schlimme Dinge getan hat.[28]

Achtung und unbedingte Wertschätzung zu haben heißt natürlich nicht, sämtliche Ideen und Gefühle des anderen moralisch für gut zu erklären, sondern meint, dass man den Menschen akzeptiert, der sich einem anvertraut. Er darf sein, so wie er ist und wie er sich selbst erlebt. Der Therapeut heißt seine Wünsche und Gedanken weder gut, noch lehnt er sie ab. Ob sie gut oder schlecht sind, braucht vorläufig nicht entschieden zu werden. Der Berater nimmt den anderen an, auch dort, wo er schwach ist und wo er sich schlecht fühlt. Dadurch erfährt dieser, was Annahme und Liebe bedeuten.

[28] Vgl. TAUSCH / TAUSCH, Personzentrierte Gesprächspsychotherapie (wie Anm. 21), 1940.

Je mehr er diese Annahme und Wertschätzung erfährt, desto eher wird er sich selbst annehmen können.

Aber Achtung, Wärme und Sorge sind nur dann *echt* und damit wirksam, wenn es sich nicht bloß um ein äußeres Verhalten handelt, sondern wenn Anteilnahme tatsächlich im Helfer vorhanden ist; doch das lässt sich nicht erzwingen. Oft gelingt einem dies nicht. Der Betreffende bemüht sich dann, wirkliche Anteilnahme durch Redewendungen, Lächeln oder durch ein freundliches Gesicht zu ersetzen. Aber der andere spürt die Wahrheit. Wenn er keinerlei Achtung, Wärme und Anteilnahme erfährt, wird sich dieses Gespräch nicht sehr förderlich auswirken.[29]

Eine solche Haltung kann nicht trainiert werden; sie ist nicht in einem Kurs erlernbar, sondern sie ist das Ergebnis eines langjährigen Reifungsprozesses. Eine solche Reife kommt aber nicht von selbst, sondern sie ist auch Ergebnis eines ständigen Bemühens.

Was aber ist, wenn einem diese Haltung gegenüber dem anderen, dem man helfen will, nicht gelingt? Zunächst sollte man sich seine negativen Gefühle gegenüber dem anderen bewusstmachen und sie annehmen, denn das hilft in vielen Fällen etwas weiter. Ein bisschen Anteilnahme und Wertschätzung wird wohl in den allermeisten Fällen vorhanden sein.

Es heißt, ein Mensch kann sich erst dann verändern, wenn er verstanden worden ist. Es ist für einen Menschen, der jahrelang von anderen, oft unterschwellig, abgewertet wurde, dessen Selbstwertgefühl im Lauf der Jahre zerstört worden ist, ein ungemein tiefes Erlebnis, wenn er solche Wertschätzung erfährt. Das lässt ihn, oft äußerlich sichtbar, aufatmen. So kann Leben wieder neu wachsen. So können Wunden heilen und Trauer und Leid verarbeitet werden.

[29] Vgl. ebd.

2.2.3 Echtheit – „Selbstkongruenz"

Gesprächspsychotherapeutische Beratung ist nur dann wirkungsvoll, wenn sie weder als Trick noch als Werkzeug angewendet wird; sie muss echt sein. Echtheit bedeutet, dass der Klient dem Therapeuten nicht bloß durch eine Maske hindurch begegnet, auch nicht nur als Träger einer Rolle oder einer Institution. Der Klient soll den Therapeuten als echte, kongruente Person erleben. Das Gegenteil davon wäre Unechtheit, Fassadenhaftigkeit und innere Nichtübereinstimmung. Das ist immer dann der Fall, wenn sich das äußere Verhalten des Therapeuten und sein inneres Erleben und Fühlen nicht decken. Wenn er nach außen hin eine Fassade lebt, die nicht seinem Inneren entspricht, wenn er zum Beispiel nach außen hin freundlich, innerlich gelangweilt ist. Dadurch kommt der Klient nicht in Kontakt mit einer realen Person, sondern nur mit einer höflichen Fassade.[30] Es kommt keine echte Begegnung zustande, sondern nur eine Begegnung zwischen einer professionellen Maske und einem hilfesuchenden Klienten. Dieser bleibt allein in seiner inneren Einsamkeit, weil keine lebendige Begegnung von Person zu Person stattfindet. Echtheit und innere Übereinstimmung bedeutet: Das Verhalten des Beraters stimmt mit seinem inneren Erleben, Fühlen und Denken überein. Sein Verhalten ist wahrhaftig.

Daraus ergibt sich, dass ein therapeutisches Gespräch hohe menschliche Anforderungen an den Therapeuten stellt. Wer kann sie überhaupt erreichen? Doch man muss sich darüber im Klaren sein, dass diese nur selten vollkommen erreicht werden. Außerdem gehört zur

[30] Vgl. ebd., 1943.

Echtheit dazu, dass sich der Berater auch mit seinen Unvollkommenheiten in die therapeutische Begegnung einbringen darf. Er braucht keinen perfekten Berater zu spielen, sondern er kann seine eigene Unvollkommenheit ruhig zeigen; das schützt vor Überforderung. Andererseits muss von einem Therapeuten schon ein Mindestmaß an menschlicher Reife gefordert werden; ansonsten ist er als Berater nicht geeignet.

3. PSYCHOLOGISCHE PROZESSE, WELCHE DIE POSITIVE VERÄNDERUNG BEWIRKEN

Was geschieht bei einer Person, wenn jemand ihre innere Erlebniswelt einfühlend zu verstehen sucht und ihr das Verstandene ohne Wertung und Kritik echt und mitsorgend wiedergibt?

3.1 Selbstkonfrontation, Selbstexploration

Einfühlendes Verstehen wirkt zunächst wie ein Spiegel. Durch das fortwährende verständnisvolle Eingehen des Therapeuten auf die innere Welt des Klienten wird dieser mit sich selbst konfrontiert und nimmt sich wie in einem Spiegel realistischer wahr. Er beginnt, sich selbst zu erforschen, und gewinnt immer mehr Klarheit darüber, wer er eigentlich ist. Er setzt sich mit sich selbst auseinander und gelangt so zu größerer Selbsterkenntnis. Viele Untersuchungen zeigen, dass einfühlendes Verstehen die *Selbstexploration* des Gesprächspartners in Gang setzt. Der Klient kommt dadurch in tieferen Kontakt mit seiner eigenen Person und seiner wirklichen Erlebnis- und Gefühlswelt.[31]

Es gibt einige Anzeichen dafür, wann sich der Klient mit sich selbst konfrontiert und sich aktiv mit seinem Erleben und Selbst auseinandersetzt und beginnt, sich positiv zu verändern, zum Beispiel wenn er allmählich immer mehr über persönlich bedeutsame Inhalte spricht. Während er vorher über Randprobleme und unwesentliche Dinge geredet hat, kommt er nun zum Kern. Er spricht nun auch über Dinge, die ihm unangenehm

[31] Vgl. ebd., 1915f.

und peinlich sind, über seine Schwächen und Schwierigkeiten. Er äußert zunehmend Erfahrungen, zeigt Gefühle, die er anfangs nicht wahrgenommen hat, weil sie nicht in sein Selbstkonzept passten. Er ist gefühlsmäßig stark beteiligt.[32] Das alles sind Anzeichen dafür, dass er nun die innere Realität besser wahrnimmt. Selbstexploration bzw. Selbstkonfrontation sind Vorgänge, die am meisten mit konstruktiven Veränderungen am Ende der Gesprächspsychotherapie zusammenhängen. Daraus ergibt sich, was das „Material“ des therapeutischen oder beratenden Gesprächs ist.

[32] Vgl. ebd., 1920.

3.2 Die Bedeutung des inneren Erlebens

Ausgangspunkt und Grundlage für ein helfendes bzw. therapeutisches Gespräch, wie überhaupt für jede positive Veränderung eines Menschen, sind nicht Idealvorstellungen über gesundes Menschsein, also keine äußeren Maßstäbe, sondern das innere Erleben, so wie es im Augenblick empfunden wird.

Dies ist ein uralter Grundsatz der geistlichen Begleitung.[33] Auch der geistliche Begleiter geht nicht aus von einem Vollkommenheitsideal. Sondern er steigt mit dem, den er begleitet, hinab in die Niederungen seines inneren Erlebens. Er hilft ihm, in Fühlung zu kommen mit seinem wirklichen Erleben. Oft haben Riesenansprüche oder Idealvorstellungen diesen lebendigen Kontakt verstellt. Doch wenn die Verbindung zu den konkreten Bedürfnissen und Sehnsüchten verlorengegangen ist, wird das innere Leben starr und unfruchtbar. Es verliert an Lebendigkeit und macht pharisäisch hochmütig. Auch der Psychotherapeut achtet darauf, dass der Klient auf den Grund seiner natürlichen Erfahrungen, seiner Bedürfnisse und Sehnsüchte hinabsteigt. Dort strömt sein wirkliches Leben. Dort, auf unserer Natur, baut auch die Gnade auf, wie ein alter theologischer Grundsatz lautet. Nur so ist ein gesundes Wachsen und Reifen im geistlichen Leben möglich.

Wieviel mehr gilt dieser Grundsatz für das gewöhnli-che menschliche Reifen! Will man einen Menschen ver-stehen, dann muss man von seiner individuellen Erleb-niswelt ausgehen; denn sie ist für ihn die Realität. Diese innere Realität bestimmt auch sein ganzes Verhalten o-der Fehlverhalten, Erleben oder Leiden, je nachdem, ob sie verzerrt oder realistisch wahrgenommen wird.

[33] Vgl. LOUF, André: Demut und Gehorsam bei der Einführung ins Mönchsleben (Münsterschwarzacher Kleinschriften; 5), Münsterschwarzach 1979.

Dem anderen eine „wahre Reali-tät" vorzuhalten, nützt nicht viel. Wir reagieren nicht auf eine neutrale Realität, sondern auf unsere individu-elle Wahrnehmung der Realität. „Wir leben nach einer wahrnehmungsmäßigen Landkarte, die nie die Realität selbst ist, aber sie bestimmt unser Verhalten".[34] Unser Verhalten ändert sich von selbst, wenn sich unsere Wahrnehmung der Realität ändert.

Wie kann der Klient die Wirklichkeit realistischer wahrnehmen? Der Therapeut fördert diesen Prozess dadurch, dass er verständnisvoll auf die innere Wahrnehmungswelt des anderen eingeht und sie zu verstehen sucht. Das regt den Klienten seinerseits an, sie besser zu verstehen. Wenn die Realität unverzerrt wahrgenom-men wird, dann wird auch das Verhalten und Erleben des Betreffenden gesünder und realistischer. Eine Ursa-che vieler misslungener Beratungsgespräche ist, dass man versucht, den anderen von seinem eigenen oder von einem allgemeinen Bezugssystem her zu verstehen. Aber wir können das Verhalten des anderen erst dann richtig verstehen, wenn wir es so sehen, wie er selbst es erlebt.[35] Jeder Mensch ist selbst der einzige, dem seine innere Erfahrung umfassend bekannt ist. Deshalb kann nur er allein sicher erkennen, wie er sich erlebt, was er innerlich fühlt und welche Gewissheiten er in sich trägt, was für ihn richtig ist und ob er sich innerlich stark genug fühlt, dies jetzt zu tun. Der Therapeut legt in den Klienten das Vertrauen, dass er selbst fähig ist zu erkennen, was für ihn jetzt das Richtige ist. Er hat Respekt vor seiner individuellen Eigenart und hütet sich davor, ihn zu vereinnahmen. Er kann geduldig warten, bis der andere sich selbst zutraut, sich zu entscheiden.

Der Therapeut wird sich auch hüten, vorschnell Auswege aus einer Situation zu wissen, die der Klient als verfahren beschreibt. Besser ist es, mit ihm im Dunkeln auszuhalten, bis sich seine innere Situation erhellt, bis ihm gleichsam „ein Licht aufgeht". Auf dieses Licht muss man oft lange und geduldig warten. Besser ist es, mit ihm in seinen Schuhen ein paar Schritte in seiner

34 ROGERS, Gesprächspsychotherapie (wie Anm. 21), 420.

35 Vgl. ebd., 427.

Welt mitzugehen, auch wenn zeitweise keine Lösung in Aussicht steht.

3.3 „Selbstaktualisierung" fördern

Diese Fähigkeit zur Selbstverantwortung ist bei vielen Menschen verschüttet. Aber sie kann wieder geweckt werden. Das Verhalten des Therapeuten, die Gesprächsatmosphäre, das verständnisvolle Eingehen auf die innere Erlebniswelt des anderen, fördert dieses Wachstum. Es ist eine Grundannahme der Gesprächspsychotherapie, dass jeder Mensch in sich die Fähigkeit trägt, zu entscheiden, was für ihn im Augenblick richtig ist. Jedes Individuum hat in sich gewaltige Hilfsquellen, sich selbst besser zu verstehen und sich selbst zu ändern. Da diese Veränderungsfähigkeit bei vielen Menschen blockiert ist, muss sie wieder freigelegt werden. Diese Veränderungsfähigkeit des Menschen beruht auf einer natürlichen Kraft des Organismus. Jeder Organismus hat die Tendenz, sich selbst zu aktualisieren, d. h. sich in Richtung auf mehr Reife hin zu bewegen. Eine solche Richtungstendenz ist schon im biologischen Bereich festzustellen. Sie durchzieht das Leben des Individuums von der Empfängnis bis zur Reife. Dies trifft für unbewusste organische Prozesse zu wie auch für menschliche und intellektuelle Funktionen. Man kann dies in der Natur beobachten, wenn zum Beispiel ein Strauch im Garten durch ein Hindernis im Wachsen blockiert ist. Wenn man dieses Hindernis, zum Beispiel einen Stein oder ein Brett, beseitigt, kann man beobachten, wie sich dieser Strauch wieder erholt und aufblüht.

Diese Grundannahme der Gesprächspsychotherapie wurde häufig infrage gestellt. Dennoch muss man zugeben, dass dieses Potential des Individuums, selbst zu ent-scheiden, was für es gut und richtig ist, oft unterschätzt wird.

Es ist vielfach unterentwickelt. Aber auch dann, wenn sich aufgrund von verschiedenen Umständen nichts mehr von diesem Wachstum zeigt, darf man noch darauf vertrauen, dass diese Tendenz gegenwärtig ist.[36] Diese Tendenz wieder freizulegen, ist eine der Aufgaben des Gesprächspsychotherapeuten. Die Voraussetzung dafür ist eine Atmosphäre des Angenommenseins und der unbedingten Wertschätzung vonseiten eines echten, mit sich selbst identischen Menschen. Etwas Ähnliches ist wiederum von der geistlichen Begleitung her bekannt. Der heilige *Ignatius von Loyola* war davon überzeugt, dass der Übende davon ausgehen darf, dass in den Daten sei-ner inneren Erfahrung (den „motiones") die Impulse für sein geistliches Wachstum enthalten sind. Im Gesamt seiner inneren und äußeren Situation sind die Anrufe Gottes enthalten, die das geistliche Wachstum einleiten und fördern. Der Übende geht davon aus, dass das Ge-samt der „motiones" so geartet ist, dass es darin Impulse und Hilfen für den Heilsweg gibt.[37]

Auch geistliche Begleitung besteht im Wesentlichen darin, dem anderen zu helfen, dass er sich in seinen eigenen Erfahrungen besser zurechtfindet und darin den Willen Gottes erkennt. Nicht die Erfahrungen des geistlichen Führers sind maßgeblich, sondern allein die des Übenden. Alles andere würde die individuelle freie Entwicklung des anderen beeinträchtigen.

Sowohl der Psychotherapeut als auch der Seelsorger darf auf eine vorwärtsbewegende Tendenz des menschlichen Organismus vertrauen. Er verhält sich deshalb nicht-vereinnahmend, non-direktiv. Aber es wäre ganz falsch anzunehmen, dass der Organismus reibungslos auf Wachsen und Selbsterhöhung hinstrebt. Man müsste korrekter sagen: Der Organismus bewegt sich durch Kampf und Schmerz zur Erhöhung und zum Wachstum. Der Therapeut begleitet dieses Wachsen und stellt sich ganz auf die Seite seines Klienten, ohne ihn zu vereinnahmen.

[36] Vgl. ebd., 422ff.

[37] Vgl. GÖRRES, Albert: Über die Gewissensprüfung nach der Weise des Ignatius von Loyola, in: DERS., An den Grenzen der Psychoanalyse, München 1968, 161ff.

AUSBLICK

Das *Gespräch* ist ein wertvoller Weg der Seelsorge. Es ist das unmittelbare Werkzeug eines helfenden Berufes. „Reden kann doch jeder", sagt man. Doch die alltägliche Erfahrung zeigt etwas anderes. Es ist deutlich geworden, dass es nicht auf die psychologischen Methoden ankommt, sondern auf die *innere Haltung* des Helfers. Diese buchstäblich heilende Haltung und der dazugehörige theoretische Hintergrund wurden genauer beschrieben. Die Erkenntnisse der Gesprächstherapie machen einem bewusst, welch großen Reichtum ein Gespräch in sich birgt. Ihre Anwendung in der Seelsorge ist keine Flucht in die Psychologie, wie manche befürchten, auch keine Verwässerung des seelsorglichen Anliegens. Im Gegenteil: Die Erkenntnisse der Gesprächstherapie gehören inzwischen zum Allgemeinwissen. Kein Seelsorger kann daran vorübergehen. Ihre Erkenntnisse sind in fast alle derzeitigen Therapieformen eingeflossen und bilden dort ein selbstverständliches Grundwissen. Sie gehören auch zu den Basics eines jeden, der in einem sozialen oder pädagogischen Beruf tätig ist. Für die in der Seelsorge Tätigen sind sie ein *Gewissensspiegel*, in den man oft hineinschauen soll, um sich zu prüfen, ob man noch dem hohen Niveau der *menschlichen* Anforderungen entspricht, das für ein seelsorgliches Gespräch hilfreich wäre.

Aber trotz aller Wertschätzung der psychologischen Erkenntnisse sollen alle in der Seelsorge Tätigen bedenken, dass die Menschen bei ihnen nicht den Psychologen suchen, sondern einen Seelsorger bzw. eine Seelsorgerin. Die Seelsorge hat etwas zu geben, was der Psychologe nicht zu geben hat.

Printed by Books on Demand GmbH, Norderstedt / Germany